Reise durch

GRIECHENLAND

Bilder von
der Bildagentur
On Location/laif

Texte von
Ulrike Ratay

Stürtz

Erste Seite:
Bei einem Gläschen Retsina in einem Kafeníon mögen einem die arkadischen Zustände auf dem Peloponnes erst so richtig bewusst werden.

Vorherige Seite:
Traumstrand mit weißem Sand und klarem blauen Wasser – der Skala-Strand auf Kefallonia, der größten der Ionischen Inseln, erfüllt alle Urlaubswünsche.

Unten:
In der Mönchsrepublik Áthos wird die Tradition der Ikonenmalerei gepflegt. Die Ikonen sind mehr als reine Abbildungen. Durch sie können die Gläubigen in Kontakt zu den Heiligen treten.

Seite 10/11: *Fast unwirklich scheint die weiße Akropolis über dem modernen Athen zu schweben. Die heute erhaltenen Tempel, deren Bauprogramm Perikles entwickelt hatte, stammen zumeist aus dem 5. Jahrhundert vor Christus. Der berühmteste Tempel, der Parthenon, war der jungfräulichen Göttin Athene gewidmet und überragt alle anderen.*

Inhalt

Zeitlos schönes Griechenland

Weiße Häuser rund um ein malerisches Hafenbecken: Mykonos-Stadt auf der gleichnamigen Kykladeninsel. Die Kykladen bestehen aus fast 60 Inseln, die sich in Kreisform (kiklos = Kreis) um die Insel Delos gruppieren und zwischen Athen und Kreta im Zentrum der Ägäis liegen.

»Griechenland ist der Triumph der Gegenwärtigkeit. Die griechische Zeit hat eine andere Autonomie. Sie scheidet nicht die Perioden der Vergangenheit, Gegenwart und Zukunft, sondern lässt ihre Grenzen übergangslos verfließen.«

(Johannes Gaitanides)

Ist die erste Berührung mit Griechenland vielleicht noch immer geprägt von den weißen antiken Tempeln und Theatern, die lebendige Gegenwart wird einen nicht weniger beeindrucken. In diesem Land bilden die überwältigenden Zeugnisse der Vergangenheit in den steinernen Überresten der Antike, in den byzantinischen Kirchen und venezianischen Kastellen eine Einheit mit der faszinierenden Vielfalt der Landschaften und dem heutigen Leben der Griechen. Ob man in das pulsierende Treiben der Hauptstadt Athen eintauchen, an herrlichen Stränden die Sonne genießen, in einer einsamen Bergwelt oder dramatischen Schluchten wandern oder in einem abgelegenen Dorf mit den Griechen ins Gespräch kommen will – überall empfängt einen Griechenland mit offener Gastfreundschaft und lässt keine Wünsche offen. Denn im Griechischen sind die Worte »Fremder« und »Gast« (xenos) Synonyme.
Griechische Lebensart erfahren kann man am leichtesten in einem typischen Kafeníon, denn dieses ist eindeutig eine griechische Institution. Man sitzt an kleinen Tischen, trinkt seinen Kaffee, Oúzo oder Retsina und beobachtet das Leben auf dem Dorfplatz. Für die – immer noch meist männlichen – Besucher scheint es nichts Schöneres zu geben, als zu schauen, über Menschen und Ereignisse zu diskutieren, Neues und Neuestes zu erfahren und Zuhörer für lange Monologe zu finden. Stundenlang sitzen sie auf den strohbeflochtenen Stühlen, immer am gleichen Tisch. Das Kafeníon ersetzt ihnen das Wohnzimmer und viel Zeit wird dort verbracht, was bereits auf der ersten Seite des berühmten Romans von Nikos Kazantzákis »Alexis Sorbas« deutlich wird, als der Hafenarbeiter Konstantis gefragt wird, wie es ihm

gehe. Er antwortet: »Wie solls gehen? Tagsüber im Kaffeehaus, abends zu Haus. Tagsüber im Kaffeehaus, abends zu Haus! Siehst du, das ist mein Leben.« Es ist wohl nicht übertrieben, wenn Johannes Gaitanides schreibt, dass die Griechen die größte Angst vor dem Sterben hätten, weil sie nicht wüssten, ob es im Himmel ein Kafeníon gebe.

Verlässt man das Kafeníon und geht aus dem Ort hinaus, gerät man in die Landschaft Griechenlands, die einzigartig ist: Land und Meer sind auf das Engste miteinander verbunden, nur wenige Punkte sind mehr als 100 Kilometer von der Küste entfernt. Welches andere Land umfasst schon mehr als 1300 Inseln? Hohe Gebirge bedecken drei Viertel der Landschaft und reichen oft bis an die Küste. Der 2917 Meter hohe Olymp ist für die einen schlicht der höchste Berg Griechenlands, für andere mythische Wohnstatt der antiken Götter. Die den Gipfel verdeckenden Wolken halten Erstere für ein Wetterphänomen, für die Zweiten schützen die Horen, die Göttinnen der Jahreszeiten, den Göttersitz vor den neugierigen Blicken der Sterblichen. Die Sterblichen vergnügen sich übrigens im Gebirge. Da in den Gebirgsregionen mit vielen Gipfeln über 2000 Metern genügend Schnee fällt, kann man in Griechenland in ungefähr 50 Wintersportzentren Ski fahren.

Die extreme Geografie Griechenlands mit ihren isolierenden Inseln und abgelegenen Tälern hatte Einfluss auf die Geschichte. Nur so konnten so viele Stadtstaaten auf relativ engem Raum nebeneinander existieren.

Die ersten Hochkulturen der Minoer und Mykener

Menschen siedelten schon lange vor der Bildung der Stadtstaaten in Griechenland. In der Höhle von Petralóna auf der Chalkidikí wurde eines der ältesten Skelette Europas gefunden. Vor dem Eindringen der indogermanischen Stämme lebten auf griechischem Gebiet wohl aus Kleinasien stammende Völker. Heute noch modern wirkende Marmoridole zeugen von der Kunst der frühkykladischen Zeit von 3200 bis 2000 vor Christus, entstanden hauptsächlich auf dem Archipel der Kykladen in der Ägäis.

Auf Griechenlands größter Insel, Kreta, entstand in der Zeit von 2000 bis 1450 vor Christus die erste Hochkultur, die Minoische Kultur. Die Zeugnisse dieses Volkes, neben den Palastanlagen insbesondere in Knossos, kunstvoll gearbeitete Keramik- und Metallprodukte, sowie modern anmutende Malereien, rufen noch heute Staunen hervor. So kann man kaum glauben, dass die »Kleine Pariserin« – ein Fresko, das von dem Archäologen Arthur Evans so genannt wurde – vor so langer Zeit entstand.

Das Fest zur Auferstehung Christi, Ostern, ist das wichtigste Fest im griechischen Kirchenkalender. Zum Abend hin füllen sich die Kirchen und die Plätze davor mit den Gläubigen, die Kerzen in der Hand halten. Um Mitternacht verkündigt der Priester die Auferstehung Christi und die Kerzen werden entzündet. Hier bei den Metéora-Klöstern in Thessalien ist es ein besonders beeindruckendes und bewegendes Ereignis.

Mykene war das Zentrum einer ersten Hochkultur auf dem griechischen Festland (1600–1100 vor Christus). Dort siedelte Homer den Heerführer aller Griechen, Agamemnon, den Sieger des Trojanischen Krieges an. Und Heinrich Schliemann, der den mythischen Erzählungen des antiken Dichters glaubte, grub und förderte den einzigartigen Goldschatz von Mykene zu Tage. Dieser lag zwischen den gewaltigen Mauerresten, denn die Mykener schützten ihr Gold im Gegensatz zu den Minoern mit gewaltigen, bis zu sechs Meter dicken Zyklopenmauern.

Die Geschichte der eigentlichen Griechen beginnt am Ende der mykenischen Kultur, die während der Ägäischen Wanderung durch die Dorier, Ionier und Äolier vernichtet wurde. Danach kam die Zeit der »Dunklen Jahrhunderte«, in der sich die Zentren der kulturellen Entwicklung mehr auf die Inseln verlagerten und die nach Keramikfunden auch »Geometrische Zeit« genannt wurde. Aus diesem Dunkel ragen nur zwei Staaten heraus: Attika, das schon in der spätmykenischen Zeit unter dem König von Athen geeint war, und Sparta.

Blutsuppe und Kindermord – das Heerlager Sparta

Auch wenn der Begriff »spartanisch« im Sinne einer strengen, leibfeindlichen Lebensform erst im 17. Jahrhundert entstand, gründet er doch auf der seltsamen Lebensweise des Volkes in Lakonien auf dem Peloponnes, das seine militärischen Erfolge strenger Zucht verdankte. Neugeborene wurden einer Tischgemeinschaft (Syssition) vorgeführt, die darüber entschied, ob es aufgezogen wurde oder nicht. Erschien es zu schwächlich, wurde es vom Kaidasfelsen in eine Schlucht geworfen. Überlebte ein Kind, trug es bis zu seinem sechsten Lebensjahr keine Kleider. Die Knaben mussten ab diesem Alter in militärische Ausbildungslager, bis sie das 19. Lebensjahr vollendeten. Wer davor floh, wurde als Deserteur behandelt und getötet. Das ganze Leben übten sich die Spartaner im Gebrauch der Waffen und lebten von der mageren spartanischen Küche mit ihrer berüchtig-

ten schwarzen Blutsuppe. Von dieser soll ein Zeitgenosse, der sie gekostet hatte, gesagt haben, er könne verstehen, warum die Spartaner so gerne in den Tod gingen. Sie soll aus Blutwurst, Schweinefleisch, Essig und Gewürzen zusammengekocht worden sein.
Aufgrund ihrer Gebärfähigkeit waren die Frauen im militärischen Sparta relativ hoch angesehen, was sich zum Beispiel darin zeigt, dass es allein wichtig war, ob die Mutter Spartanerin war. Welchem Volk oder Gesellschaftsschicht der Vater angehörte, war unwichtig. Sie durfte sich sogar einen anderen Mann suchen, wenn sich der eigene als zeugungsunfähig erwies.
Trotz allem: Diese Staatsform hat sich im alten Griechenland 800 Jahre erhalten!
Noch ein anderer Begriff leitet sich von den Spartanern, beziehungsweise ihrer Wohngegend Lakonien ab: »lakonisch«. Ein spartanischer Feldherr wurde gefragt: »Was wird geschehen, wenn die Athener euch besiegen?« Worauf er nur antwortete: »Wenn.«

Geburtsort der Demokratie: Athen

Während in Sparta die militärische Kunstfertigkeit gefördert wurde, machte sich die Gegenspielerin, Athen, um andere Dinge verdient. Die archaische Zeit (800 bis 500 vor Chritus) brachte große politische Veränderungen: Zunächst wurde die Königsherrschaft durch die Vormachtstellung des Adels abgelöst und, nachdem auch dieser den Unmut des Volkes (Demos) heraufbeschworen hatte, kam es zu tiefgreifenden Reformen.
Die wesentlichen Voraussetzungen für die Mitbestimmung des Volkes schuf Solon, der 594 vor Christus von den Athenern zum Versöhner und Gesetzgeber mit uneingeschränkter Staatsgewalt gewählt worden war. Er schrieb selbst über seine bahnbrechende Verfassung: »Ich gab dem gemeinen Volk die Vorrechte, die ihm genügen. Was die Machthaber betrifft, so sorgte ich dafür, dass sie keine Ungerechtigkeit erlitten. Ich stand und deckte beide Parteien mit einem starken Schild und erlaubte keiner, in ungerechter Weise die Oberhand zu gewinnen.«
Er befreite die Bauern durch die »Lastenabschüttelung« (seisachtheia), niemand durfte mehr »auf den Leib borgen«. Er begann mit der Schaffung eines Rechtswesens und führte ein Massenwahlsystem ein, das allerdings auf einer Standeshierarchie aufgebaut war.
Im Jahre 561/560 vor Christus kam dann ein Mann an die Macht, der das, was Solon begonnen hatte, wieder rückgängig machte: Peisistratos. Er riss die Alleinherrschaft an sich und nahm als Tyrann dem athenischen Volk das Recht, sein Schicksal mitzubestimmen. Erstaunlicherweise schienen die Athener zu

Einige der kykladischen Eilande sind nur karg bewachsen – nichtsdestotrotz beeindruckt die grandiose Verbindung von hohem Fels und blauem Meer. Auf der gebirgigen Insel Ios zwischen Paros und Santorin soll der Sage nach das Grab Homers liegen.

dieser Zeit ganz zufrieden zu sein, nicht über Politik nachdenken zu müssen und bezeichneten Peisistratos als »guten Tyrannen«. Vielleicht lag es daran, dass er viel Geld seines Vermögens in die Kunst steckte. Peisistratos folgten seine Söhne, doch nach 36 Jahren Tyrannis besiegte das Geschlecht der Alkmaioniden den Peisistratos-Sohn Hippias mit Hilfe der Spartaner. Kleisthenes aus dem Geschlecht der Alkmaioniden setzte sofort die solonische Verfassung wieder in Kraft und entwickelte sie weiter. Er schuf die Grundlage der attischen Demokratie, deren wichtigstes Gesetz die Gleichheit aller Bürger vor dem Gesetz war.

Die Antike war nicht weiß

In dieser Zeit der Entstehung der Demokratie wurden auch die Grundlagen für die griechische Kunst und Kultur gelegt, wie sie unseren Klischees entspricht. Steinerne Tempel und Theater wurden gebaut, Sportstätten angelegt. Wenn bei der erhaltenen antiken Architektur die Farbe Weiß vorherrscht, vermittelt dies jedoch nicht das korrekte Bild dieser Zeit. Denn die Tempel waren bunt bemalt. Die architektonischen Feinheiten der Tempel wurden einst durch die, Polychromie genannte, Verschiedenfarbigkeit besonders hervorgehoben. Heute ist diese Farbigkeit verschwunden und das reine Baumaterial – zumeist Marmor – hat sich erhalten und prägt unsere Gedanken an die Antike.

Dafür, dass die damaligen Griechen sich einander zugehörig fühlten, sprechen zwei Dinge: Die Olympischen Spiele fanden alle vier Jahre für sämtliche »Griechen« statt und es gab nur ein Orakel für alle Griechen, dessen oft sehr geheimnisvolle Ratschläge für ganz Griechenland maßgebend waren: das Orakel von Delphi. Dennoch kämpften natürlich die mächtigsten Stadtstaaten, allen voran Athen und Sparta, um die Vormachtsstellung. Gleichzeitig mussten die Perser abgewehrt werden, was 480 vor Christus in der Seeschlacht von Salamis und 479 vor Christus in der Schlacht von Platää gelang.

Dadurch und durch die inneren Machtkämpfe war Griechenland geschwächt und es fiel dem Makedonierkönig Philipp II. nicht schwer, 338 vor Christus bei Chaironeia zu siegen. Er

vereinte zum ersten Mal ganz Griechenland zu einem großen Hellenenbund unter seiner Führung. Eine der wichtigsten Gestalten der Geschichte war sein Sohn Alexander, genannt der Große, der die griechische Kultur in die ganze Welt hinaustrug. Vom Nil bis zum Himalaya gründete Alexander griechische Städte. Doch mit seinem Tod endete auch der Glanz des riesigen Reiches: Seine Nachfolger bekämpften sich gegenseitig und teilten das Land in verschiedene Diadochenreiche.

Trotz Fremdherrschaft: kulturelle Hochleistungen

Obwohl mit Philipp II. und Alexander dem Großen eine Zeit der Fremdherrschaft für die Griechen begann, waren sie auf kulturellem Gebiet noch lange nicht am Ende. Noch in der Zeit des Hellenismus (338–331 vor Christus), als Kaiser Augustus Griechenland zur römischen Provinz erklärte, prägte das geistige und künstlerische Leben die gesamte damalige Welt. In Rom war die griechische Kunst hoch geschätzt und die Oberen des römischen Volkes besuchten Athener Philosophenschulen.
Als auch das römische Weltreich seinem Ende zuging und 395 nach Christus geteilt wurde, kam die Provinz Achaja an Byzanz. Diese Herrschaft hinterließ Spuren in Form von unzähligen byzantinischen Kirchen und Klöstern. Die byzantinische Formensprache lebt bis heute in der christlichen Kunst mit ihren Ikonen fort. Die Ikonen sind noch heute für die gläubigen Griechen, die zum überwiegenden Teil der griechisch orthodoxen Kirche angehören, etwas ganz Besonderes. Die Ikonen (griechisch eikon: das Abbild) werden nicht als Zeichen für etwas Heiliges verstanden, sondern als Geheiligtes selbst. Verehrt wird durch das Berühren, Küssen und Geschenke darbringen nicht das Bild, stellvertretend für den Heiligen, sondern dessen Wesen selbst. Durch die in ganz Griechenland allgegenwärtige Heiligenbilderverehrung – auch das Heiligenbild des wagemutigen Busfahrers, das vom Rückspiegel hängt, gehört dazu – nehmen die Gläubigen Kontakt zu den Himmlischen auf und wenden sich auch mit ihren Alltagsproblemen an sie. Sie sind Mittler zwischen den irdischen Frommen und dem himmlischen Heilsgeschehen.
Während sich der geistliche Einfluss Byzanz' bis heute nicht verloren hat, wechselten die weltlichen Herrscher im Laufe der Geschichte. Den Bulgaren, die zeitweilig über dem griechischen Festland herrschten, folgten im 11. Jahrhundert die Normannen. Den byzantinischen Kaisern gingen die griechischen Gebiete endgültig mit der Eroberung Konstantinopels im Jahre 1204 durch die Kreuzritter verloren.

Griechenland wurde aufgeteilt und die Handelsmächte Genua und Venedig sicherten sich wichtige Stützpunkte an der Küste und auf den Inseln. Das Land erlebte eine unruhige Zeit mit verschiedensten Eroberern und Machthabern, bis 1453 die Türken Konstantinopel eroberten und das gesamte griechische Festland und die meisten Inseln in ihre Gewalt brachten. In Provinzen aufgeteilt, wurde Griechenland von Herrschern regiert, deren Religion und Sprache einer anderen Kultur angehörten. Auch die osmanische Zeit hinterließ architektonische Spuren, zum Beispiel in Städten wie Thessaloníki und Ioánnina und auf der Insel Rhodos. Doch viele griechische Künstler verließen unter der türkischen Herrschaft ihre Heimat. Doménikos Theotokópoulus, besser bekannt unter seinem Künstler- beziehungsweise Herkunftsnamen El Greco (Der Grieche), wurde in seinem Exilland Spanien weltberühmt.

Befreiung von der türkischen Herrschaft

Der Freiheitskampf der Griechen gegen die Türken währte von 1821 bis 1830. Berühmte Philhellenen wie der englische Dichter Lord Byron, der in Messolóngi an Sumpffieber starb, unterstützten die Griechen, die ansonsten nur wenig Hilfe aus dem christlichen Abendland bekamen. 1830 wurde dann die Freiheit Griechenlands im Londoner Vertrag völkerrechtlich festgehalten. Doch zu dieser Zeit waren Teile des Festlandes und viele Inseln noch unter türkischer Herrschaft.

Das befreite Griechenland war ebenfalls nicht ganz frei vom Einfluss anderer. Die europäischen Großmächte, Russland, England und Frankreich, verhinderten, dass die Griechen ihr demokratisches Erbe antraten und setzten ihnen einen bayerischen König vor die Nase: Prinz Otto aus dem Hause Wittelsbach. Die nach 1863 regierende englisch-dänische Dynastie hinterließ genauso wie der deutsche König ihre Spuren in der Kunst: Die Architektur dieser Zeit ist geprägt von einem Gemisch aus bayerischem und dänischem Klassizismus. So wurde Athen unter der Federführung Leo von Klenzes zur klassizistischen Königsstadt ausgebaut, das heutige Parlamentsgebäude entstand zum Beispiel als Schloss für König Otto und wurde von Friedrich von Gärtner erbaut.

Im Ersten Weltkrieg kämpften die Griechen ab 1917 auf der Seite der Alliierten. Ohne Rückendeckung der europäischen Großmächte versuchten sie 1921/1922, die überwiegend von ihren Landsleuten bewohnten kleinasiatischen Küsten zu erobern und gen Ankara zu marschieren. Sie wurden von Kemal Atatürk, dem »Über-Vater« der Türken, zurückgedrängt.

Tante-Emma-Laden auf griechisch: Alles, was man zum Leben braucht, findet man bei diesen zwei freundlichen Damen auf der ostägäischen Insel Chios, die nur acht Kilometer vor der Küste der Türkei liegt.

1923 kam es nach zahlreichen Massakern zum Friedensvertrag von Lausanne, in dem die Grenze zwischen Griechenland und Türkei neu festgelegt und ein Bevölkerungsaustausch zwischen in der Türkei lebenden Griechen und in Griechenland lebenden Türken vereinbart wurde.

Politisch unruhige Zeiten

Die griechische Geschichte kam nicht zur Ruhe. Eine Regierung folgte auf die andere. Mit Ioánnis Metaxás machte sich 1936 ein ehemaliger Kriegsminister zum Diktator und wurde 1941 für ein »Nein!« berühmt. Er verweigerte den Truppen Mussolinis den Durchzug und trat damit in den Zweiten Weltkrieg ein. 1941 bis 1944 war Griechenland von deutschen Truppen besetzt. Als die Deutschen sich 1944 größtenteils aus Griechenland zurückzogen, war der Krieg aber noch nicht vorbei. Nun kämpften mit den bürgerlichen und kommunistischen Partisanen Landsleute gegeneinander. Die Bürgerlichen siegten mit Unterstützung Englands und der USA und König Georg II. kam aus dem Exil zurück. Am 21. April 1967 putschte die Armee und errichtete eine Militärdiktatur. 1973 veranlasste Papadopulos die Abschaffung der Monarchie und im darauffolgenden Jahr verloren die Obristen des Militärregimes den Rückhalt bei ihren Streitkräften. Am 8. Dezember 1974 entschieden sich die Griechen durch ein freies Plebiszit für die Republik und traten damit ihr demokratisches Erbe aus der Antike an.

Die Sprache Homers in der heutigen Zeit?

Die bewegte Geschichte Griechenlands hat nicht nur einzigartige Architekturformen wie Tempel und Theater hervorgebracht, auch in den anderen Kunstformen erlangten die Griechen schon in der Antike Weltruhm. Dabei ist an erster Stelle Homer zu nennen mit seinen Epen Ilias und Odyssee. Die klassische Tragödie machte Aischylos, Sophokles und Euripides berühmt, Aristophanes die Komödie. Sokrates, Platon und Aristoteles wurden durch die Niederschrift ihrer Dialoge zu den Vordenkern der Philosophie und die Lyrikerin Sappho schuf auf der Insel Lesbos ihre Liebesgedichte: »Wie vom Gebirge hernieder der Sturm in die erbebenden Eichen bricht, so hat Eros mein Herz geschüttelt bis in die Wurzel.«

Auch wenn die Windmühlen nicht mehr in Betrieb sind, prägen sie die Kykladeninsel Mykonos. Außerdem hat die karge Felseninsel schöne Strände zu bieten und ist klassischer Ausgangspunkt für Ausflüge auf die in der Antike heilige Insel Delos.

Ist uns aus dem antiken Griechenland nur eine Sprache überliefert, waren im Neugriechischen lange Zeit zwei Versionen üblich. Das »hochgriechische« Katharevusa, das sich bewusst an den klassischen Formen orientiert und das Demotiki, das lange Zeit als Sprache des »rohen und ungebildeten« Volkes galt. Bis Anfang des 20. Jahrhunderts war Katharevusa die alleinige Literatursprache. 1901 erschienen dann das Neue Testament und die Ilias auf Demotiki und in der Folgezeit verwendeten immer mehr Schriftsteller die sogenannte Umgangssprache, die sich ebenfalls aus dem Altgriechischen ableitet. Das Obristenregime versuchte noch einmal eine Wiederbelebung des »reinen Griechischen«, hatte aber kaum Erfolg. Seit 1975 hat sich auch die Wissenschaft zum Volk bekannt und veröffentlicht die Dissertationen und Schriften in Demotiki.

Das Land der Griechen mit der Seele suchen

Fährt man heute nach Griechenland, hat man meist Sonne, Sand und Säulen im Kopf. Entweder man verbringt einen ruhigen Urlaub an den herrlichen Stränden Griechenlands oder man begibt sich auf eine Bildungsreise durch die antike Geschichte. Und doch gibt es dort auch faszinierende Natur und lebendiges urbanes Leben. Wenn man »das Land der Griechen mit der Seele sucht« wie Johann Wolfgang von Goethe, kann man ein Griechenland erleben, das viel mehr bietet, als die Geschichtsbücher erzählen. Hier kann man immer noch den Traum des Lebens träumen, den für Goethe die Griechen »am schönsten geträumt haben«. In silberblättrigen Olivenhainen, auf erhabenen Gipfeln, am in der Sonne glitzernden Meer, aber auch in der quirligen Metropole Athen oder in einem ruhigen Dorfkafeníon findet man das Traumland Hellas.

Seite 22/23:
Die Inselhauptstadt Thira auf Santorin wendet sich zur Seite der Caldera hin und erlaubt traumhafte Ausblicke über die kalkweißen Häuserkuben hin zum Inneren des Vulkankessels.

Seite 24/25:
Eine Hochzeitszeremonie in Olympos auf der Insel Karpathos. Im Norden der Insel, die zur Gruppe der Dodekanes gehört, hat sich noch lebendiges Brauchtum, insbesondere schöne Trachten, erhalten.

Glanzpunkte der Antike – das griechische Festland

Hoch über der thessalischen Ebene und dem Städtchen Kalambáka scheinen die Metéora-Klöster zu schweben. Eremiten auf der Suche nach Einsamkeit ließen sich als Erste im 9. Jahrhundert in den Höhlen der Metéora-Felsen nieder. Die bizarren Felsnadeln bestehen aus Sandstein, der durch Erosion geformt wurde.

Das erste Bild, das einem bei dem Gedanken an das antike Griechenland in den Sinn kommt, ist die strahlend weiße Akropolis, gleichsam schwebend über dem Moloch Athen – der Inbegriff der alten und großen Zeit. Doch Athen hat weit mehr zu bieten: Lässt man sich auf das Durcheinander von Autos und Menschen ein, entdeckt man eine aufregende Mischung aus orientalischem Basar, Weltstadtflair, berühmten Zeugnissen der Vergangenheit, dem gerühmten attischen Licht, dem Meer und den nahe gelegenen Inseln.
In der Antike spielte Athen eine große Rolle, der Nabel der Welt lag aber in Delphi, der wichtigsten Kultstätte des griechischen Festlandes. Hier orakelte die geheimnisvolle Priesterin Pythia als Mund des Gottes Apoll.
Zeugnisse der jüngeren Geschichte aus der Zeit der türkischen Besatzung findet man vor allem in der Provinz Epirus und deren Hauptstadt Ioánnina. An den berüchtigten Statthalter Ali Pascha erinnern die Festung und mehrere Moscheen. Thessalien bildet zum einen die Kornkammer Griechenlands, zum anderen haben hier Mönche spektakuläre Festungen, die Metéora-Klöster, gleichsam zwischen Himmel und Erde schwebend, auf hohe Felsnadeln gesetzt.
In der größten Provinz, Makedonien, laden auf den beiden westlichen Chalkidikí-Halbinseln Sandstrände zum Baden ein, während man in der Mönchsrepublik Athos auf der dritten Halbinsel dem Apostel Paulus folgt, dessen Wirkungsstätte unter anderem die Hauptstadt der Provinz, Thessaloníki, war. Als Bindeglied zwischen Orient und Okzident bezeichnet man die am nächsten zur Türkei gelegene Provinz: Thrakien. Sie ist die nordöstlichste und kleinste der griechischen Provinzen. Besonders für Naturliebhaber bietet diese Provinz mit dem Evros-Tal und dem Néstos-Delta ein reizvolles Ziel.

Links:
Der Parthenon-Tempel der Akropolis ist der Patronin der Stadt, Athene, geweiht. Die Baumeister Iktinos und Phidias wandten einen besonderen Kunstgriff an, um dem riesigen Bau die Schwere zu nehmen: Die oberste Stufe des Unterbaus wölbt sich zur Mitte hin an allen Seiten des Tempels etwas nach oben. Diese architektonische Besonderheit wird Kurvatur genannt.

Unten und ganz unten:
Ein moderner Nachbau einer antiken Stoa: Um Raum für ein Agora-Museum in Athen zu schaffen, wurde 1953 bis 1956 die zweigeschossige Säulenhalle des Attalos originalgetreu wiederaufgebaut. Die 116 Meter lange Säulenhalle wurde ursprünglich von König Attalos II. von Pergamon im 2. Jahrhundert vor Christus gestiftet. Der Innenraum ist durch ionische Säulen in zwei Schiffe geteilt.

Seite 30/31:
In der attischen Hauptebene liegt das schier unermessliche Häusermeer der Landeshauptstadt Athen, in deren Großraum fast vier Millionen Menschen wohnen – der Blick geht zum 277 Meter hohen Gipfel des Berges Lykabettos (rechts).

Noch heute wird deutlich, dass die antiken Griechen beim Bau ihrer Theater die natürlichen landschaftlichen Gegebenheiten zu nutzen wussten. Das Amphitheater des Herodes Atticus, der die Baulichkeit 161 nach Christus stiftete, liegt zu Füßen der Akropolis.

Das Stadion Athens wurde für die ersten Olympischen Spiele der Neuzeit 1896 aus Marmor erbaut und liegt in gleicher Gestalt wie der antike Vorgängerbau an der Stelle desselben.

Rechte Seite:
Das Erechtheion auf der Akropolis wurde um 400 vor Christus erbaut und ist vor allem durch die Vorhalle, die anstelle von Säulen von sechs überlebensgroßen Mädchenfiguren (korai) getragen wird, bekannt. Die Originale der Koren befinden sich heute im Akropolis-Museum, bis auf eine, die 1811 ins Britische Museum nach London verbracht wurde.

Zwei Dänen setzten klassizistische Schwerpunkte in Athen. Die drei Universitätsgebäude, die sogenannte »Athener Trilogie«, bauten die Brüder Christian und Theophil Hansen aus Kopenhagen, hier die Akademie der Wissenschaften von Theophil Hansen.

Der »Bauch« Athens – in den Markthallen betäuben nicht nur starke Aromen die Nase, auch Augen und Ohren wird einiges geboten, ganz zu schweigen von dem Geschmackserlebnis der hier eingekauften Waren.

Zur Zeit König Ottos I. baute Friedrich von Gärtner das klassizistische Schloss am Syntagmaplatz, das seit 1935 Sitz des Parlamentes ist. Besondere Attraktion ist der schwungvolle Wachwechsel der Evzonen.

Ein Ort der Ruhe ist der Hof des ungefähr 10 Kilometer vom Stadtzentrum Athens entfernten Klosters Dafní. Das byzantinische Kloster aus dem 11. Jahrhundert ist besonders wegen seiner Mosaiken bekannt.

Linke Seite:
Von dem ursprünglich kreisrunden Tholos aus dem 4. Jahrhundert vor Christus in Delphi sind nur drei Säulen wiederaufgerichtet. Er ist der Athena Pronaia, »Athena vor dem Tempel«, gewidmet – das Heiligtum der Athene liegt vor dem Hauptheiligtum des Apollon.

Links:
In dem Tempel des Apollon befand sich der Dreifuß der berühmten Weissagerin Pythia, durch die der Gott seine Orakel an die Menschen weitergab. Heutzutage sind zwar fast nur noch die Fundamente zu sehen, doch beeindruckt in Delphi auch besonders die herrliche Lage am Hang des Parnass über dem Golf von Korinth.

Ganz links:
Der Wagenlenker im Museum von Delphi ist eine der berühmtesten Skulpturen der Antike. Die spätarchaische Bronzestatue wurde vermutlich vom sizilianischen Tyrannen Polyzalos gestiftet.

Links:
Das Theater von Delphi aus dem 4. Jahrhundert vor Christus gehört noch zum Bezirk des Apollo-Heiligtums und bietet eine herrliche Aussicht auf das ganze Gelände.

Antike Götter mit menschlichen Zügen

Unser Wissen über die antiken Götter der griechischen Welt entstammt hauptsächlich der Quelle Homer, welcher sie in seinen beiden Epen Ilias und Odyssee als handelnde Personen in den Geschicken der Menschen auftreten lässt. Sie sind mächtig und unsterblich, was sie von den Menschen unterscheidet, aber sie haben menschliche Züge. Sie sind oft rachsüchtig, ärgerlich und zänkisch und sie lachen – ein äußerst seltenes Charakteristikum für Gottheiten. Deutlich werden diese Charakterzüge zum Beispiel in einer Szene, in der der Rat der Götter über Wohl und Wehe Trojas entscheiden will, über den Ausgang des berühmten Krieges, in dem Apoll auf Seiten Trojas und Athene sowie Hera auf Seiten der Griechen stehen.
Das Götteroberhaupt – der Herrscher im Donnergewölk, der Wolkenversammler, der Ordner der Welt – betritt die Bühne, wo alle Olympbewohner schon mit dem Essen warten. Sogleich spricht ihn seine Ehegattin Hera auf eine – auch auf Erden – bekannte Weise an:

Wer hat, Schlauer, mit dir schon wieder heimlich einmal geratschlagt?
Merkwürdig, wie es dich freut, von mir hinweg dich entfernend,
heimlich ersonnenen Plan zu genehmigen!
Hast du doch niemals
mir willfährigen Geistes ein Wort gesagt, was du denkst!

Der brummige Zeus mag zunächst keine Auskunft geben und wird auf nochmaliges Drängen seiner Angetrauten gegenüber deutlicher:

Immer hast du deine Vermutungen, immer belauerst du mich!
Doch nicht dient es dir im geringsten, sondern entfernter
wirst du im Herzen mir stets, was du noch einmal bereun wirst.

Ein handfester Ehestreit unter den höchsten der Götter! Mit Worten, wie sie auch heute noch – abgesehen von der Versform – gesprochen werden könnten. Kein Wunder, dass die Zeugen des Gesprächs, die versammelte Göttermannschaft, keinen Appetit mehr hat und lustlos im Essen herumstochert. Hephaistos, Sohn der Hera, will diese Missstimmung nicht länger ertragen und reicht seiner Mutter zum Troste einen großen Becher Nektar, dann schenkt er allen Göttern nach und macht solange göttliche Scherze, bis die Anwesenden wieder fröhlich sind:

Unermessliches Lachen erscholl aus dem Munde der Götter,
wenn sie bloß sahn, wie Hephaistos im emsigen Hinken umherging.

Unermessliches Gelächter! Ein menschlicher Zug der antiken Götter, die auch ansonsten für viele humorvolle und delikate Geschichten stehen. Man denke nur an die vielen Liebschaften des Götterherrschers Zeus, oder aber die vielen Seitensprünge der schönen Göttin Aphrodite, die ja offiziell mit dem hässlichen und hinkenden Hephaistos, Gott des Feuers und der Schmiedekunst, verheiratet war. Eine dieser Begebenheiten beschreibt der römische Dichter Ovid in seinen Metamorphosen:

Apoll bemerkte zuerst, wenn der Ruf nicht täuschet, der Aphrodite
heimliche Liebe mit Ares, denn zuerst bemerket er alles.

Gemeinerweise berichtet der Sonnengott Apoll alles brühwarm dem Ehemann, der aufgrund seiner Fähigkeiten sogleich »feinmaschige Netze, die fast den Augen entschwinden« herstellt und rings um das lotterhafte Bett aufstellt. Die beiden lassen sich nieder und:

Werden im Augenblick der Umarmung beide verhaftet.

Hermes holt die anderen Götter herbei, damit sie das Schauspiel betrachten:

(Er) ladet die Götter heran. Sie (Aphrodite und Ares) ruhn miteinander gefesselt
lästerlich. Doch wünscht mancher der nicht schwermütigen Götter,
lästerlich also zu sein. Die Oberen lachten; und lange
blieb dies allen umher das bekannteste Märchen im Himmel.

Man muss feststellen: Es war keine langweilige Wohngemeinschaft, die sich auf dem höchsten Berg Griechenlands, dem Olymp zusammengefunden hatte. Jeder hauste zwar in seiner eigenen, von Hephaistos geschaffenen Halle, aber doch auf einem Gipfel, sodass die üblichen Machtkämpfe, Querelen und Liebeleien nicht ausbleiben konnten. Zu der illustren Gesellschaft gehörten zunächst einmal Zeus und seine Gemahlin und Schwester Hera, die ihren Mann nicht allzu oft von seinen Liebschaften abhalten konnte, weswegen auch einige uneheliche Kinder desselben den Gipfel bevölkern: Athene, Hermes und die Zwillinge Apoll und Artemis stammen von Fremdmüttern. Ares, der Kriegsgott, war der einzige eheliche Sohn der beiden. Hephaistos war zwar Sohn der Hera, aber ohne das Beisein Zeus' gezeugt. Die Geschwister des Zeus Poseidon, Demeter und Hestia – Hades weilte in der Unterwelt – vervollständigen zusammen mit der schaumgeborenen Göttin der Liebe, Aphrodite, diese spannungsgeladene Gemeinschaft, deren Geschichten spannender sein können als so manche Fernsehsoap.

Oben:
Zeus hatte zahlreiche Geliebte, die er mit diversen Listen verführte. Bei Europa verwandelte er sich in einen Stier, der die Königstochter auf seinem Rücken entführte.

Rechts oben:
Poseidon war der ältere Bruder des Zeus, Sohn von Kronos und Rhea. Oft wird er mit dem Dreizack dargestellt, mit dem er die Wasser der Meere aufwühlt.

Rechts Mitte: *Ein Beispiel dafür, dass sich die Götter oft in die Schicksale der Sterblichen einmischten, ist die Geschichte von Orpheus und Eurydike. Orpheus hat die Götter von seiner großen Liebe überzeugt und darf seine Geliebte aus der Totenwelt des Hades holen. Einzige Auflage: Er darf sich nicht umwenden. Doch natürlich will es die Vorsehung anders: Das Relief zeigt den Moment, in dem Orpheus sich Eurydike zuwendet und Hermes, der begleitende Götterbote, schon den Arm von Eurydike ergreift, um sie zu den Toten zurückzubringen.*

Rechts: *Hera entschleiert sich vor ihrem Gatten und zugleich Bruder Zeus. Die Gattin des ranghöchsten Gottes war zuständig für Ehe und Geburt.*

Oben:
Im Epiros kann man noch griechische Natur pur erleben. Die Gebirgslandschaft im Nordwesten Griechenlands hat sich ihre Ursprünglichkeit bewahrt und auf den Straßen haben die Schafe Vorfahrt.

Rechts:
Eine der schönsten Tropfsteinhöhlen Griechenlands liegt bei Pérama am Ufer des Sees von Ioánnina. Erst 1940 wurde diese Naturschönheit entdeckt.

Oben:
Heimelig leuchten die Fenster des Hotels Zisis in Aristi, einem Dorf in der Zagoria. Die Häuser dieser großartigen Berglandschaft im Epiros sind oft aus den dortigen grauen Steinen erbaut und mit Schiefer gedeckt.

Links:
In einem eleganten Bogen führt die alte steinerne Brücke über den Fluss Vikos in der gleichnamigen Schlucht in der Zagoria.

Unten:
Westlich von Párga liegt der idyllische weiße Sandstrand von Valtos vor intensiv grünen Hügeln – einer der schönsten Strände Griechenlands.

Seite 44/45:
Mittelalterliche Klöster kleben auf hohen Felsnadeln. Die Konglomeratfelsen blieben stehen, während weicheres Gestein ausgewaschen wurde, und überragen die thessalische Ebene bis über 300 Meter. Der Name »tá metéora monastíria« bedeutet folgerichtig: Klöster in der Luft.

Rechts oben:
Das alte Städtchen Párga im Epiros war bis 1797 venezianisch, die Burg stammt aus dem Jahre 1570. Später wurde der Ort an Ali Pascha verkauft, zu Griechenland kam er erst 1913.

Rechts Mitte:
Die herrliche Küste Griechenlands kann man eigentlich erst so richtig vom Boot aus erleben. Zu manchen einsamen Stränden ist dies auch die einzige Zugangsmöglichkeit.

Rechts unten:
Als schönstgelegenes Städtchen an der griechischen Westküste wird Párga oft bezeichnet. In der Bucht vor den wie in einem Amphitheater aufsteigenden Häusern liegen mehrere kleine Inselchen, auf einer steht eine kleine Kirche.

Links:
Unter Platanen auf einer Platía bei einem Retsina den lauen Abend genießen ist in Makrínitsa, einem malerisch am Berghang gelegenen Dorf des Pelion, besonders entspannend.

Oben:
In der Landschaft des Pelion in Thessalien wird das Brot oft noch traditionell im mit Holz beheizten Gemeinschaftsofen gebacken.

Linke Seite:
Der Sitz der Götter: der Olymp. Homer siedelte auf dem höchsten Gipfel Griechenlands die Wohnstatt der Göttlichen an. 30 mal 40 Kilometer groß ist das gesamte Massiv aus Kalk- und Dolomitgestein.

Links:
Schnee in Griechenland – auf dem Olymp in Zentralmakedonien keine Seltenheit. Mit zartem Licht wird die Landschaft von Eos, der griechischen Göttin der Morgenröte, übergossen.

Links:
Wer den mit 2917 Metern höchsten Gipfel des Olymp besteigen will, kann erst noch eine Pause einlegen in der Hütte Spileos Agapitos, die auf etwa 2100 Metern liegt.

Seite 50/51:
Die Zitadelle von Thessaloníki stammt aus venezianischer Zeit und schließt heute die etwa acht Kilometer lange Stadtmauer ab, die früher die ganze Kernstadt umschloss. Thessaloníki ist die zweitgrößte Stadt Griechenlands und war 1997 Kulturhauptstadt Europas.

Rechte Seite:
In der autonomen Mönchsrepublik Áthos leben in 20 Großklöstern noch etwa 1300 Mönche. Sie sind koinobitisch organisiert, das bedeutet, sie führen ein gemeinschaftliches Leben: gemeinsames Essen, Arbeiten und Gebet unter der Leitung eines auf Lebenszeit gewählten Abtes.

Rechts:
Auf der östlichen der drei Chalkidikí-Halbinseln liegt die autonome Mönchsrepublik Áthos. Zuerst hatten sich Einsiedler auf der Halbinsel Áthos niedergelassen, 963 wurde das erste Kloster gegründet. 17 Klöster sind griechisch-orthodox, die drei restlichen russisch-, serbisch- und bulgarisch-orthodox.

Rechts:
Ein solcher Blick auf die Architektur des Vatopediou Klosters ist nur der Hälfte der Menschheit gestattet, da jeglichem weiblichen Wesen der Zutritt zu der Mönchsrepublik Áthos versagt ist.

Seite 54/55:
Dem Gold aus dem nahe gelegenen Pangaion-Gebirge verdankte die Hafenstadt Kavála in Ostmakedonien zu früherer Zeit ihren Wohlstand. Überragt wird sie von einer mächtigen byzantinischen Burg.

PETROGAZ
China

Peloponnes – Schauplatz griechischer Geschichte und Geschichten

Die orthodoxen Priester gehören mit zum Straßenbild Griechenlands. Sie sind leicht an ihrer schwarzen Soutane und ihrem langen Haar und Bart zu erkennen und dürfen sogar heiraten, allerdings nur vor der Priesterweihe.

Eine Geschichte handelt von dem Namen der Insel: Hier lebte einst die Tochter des Königs Oinomaos, dem geweissagt wurde, dass er durch den Mann zu Tode komme, der seine Tochter eheliche. Lange Zeit umging der König den Tod, indem er alle Anwärter tötete, doch der Sohn des mythischen Königs Tantalus, Pelops, besiegte den Vater mit einer technischen Manipulation an dessen Pferderennwagen. Der Heirat und vor allem der Machtübernahme stand nun nichts mehr im Wege und so nannte der neue Herrscher sein Land »Insel des Pelops« – Peloponnes. Dabei war der Peloponnes zu dieser Zeit noch gar keine Insel, sondern durch eine schmale Landbrücke mit dem Festland verbunden. Heute ist er wirklich eine Insel – durch den Kanal von Korinth vom Festland getrennt, der 1893 von griechischen und französischen Ingenieuren vollendet wurde.
Für die Qualitäten der (Halb-)Insel schon zu alter Zeit spricht, dass das Götteroberhaupt Zeus seine irdischen Geliebten vorzugsweise in dieser Gegend suchte: Die Pleiade Maja gebar ihm in einer Höhle des Killíni-Berges Hermes, er verführte die Tochter eines Flussgottes Io, sowie Kallisto, eine Gefährtin der Artemis, kam als göttlicher »Regen« zu Danae, die daraufhin zur Mutter des Perseus wurde, täuschte Leda als Schwan und Alkmene mit der Gestalt ihres Gatten.
Nicht ganz so heiter ging es in der irdischen Geschichte zu: Hinter den mächtigen Mauern von Mykene siedelte Homer das fluchbeladene Geschlecht der Atriden an: Wenn sie nicht gegen andere Krieg führten, mordeten sie untereinander, die Frau den Mann (Klytämnestra – Agamemnon), der Sohn die Mutter (Orest – Klytämnestra). Die dicken Zyklopenmauern der mykenischen Zeit zeugen noch heute von einer äußersten Wehrhaftigkeit. Aber auch die anderen Epochen der griechischen Geschichte sind auf dem Peloponnes vertreten: Für die Antike stehen Korinth, Olympia, Bassä, Sparta und Epidauros, während Mistra, Jeráki und Monemvasía byzantinisch sind.

Linke Seite:
Zur Insel wird der Peloponnes nur durch einen 24,5 Meter breiten und 6 Kilometer langen Kanal, der zwischen 1882 und 1893 von einer französischen Gesellschaft erbaut wurde und den Isthmus von Korinth durchschneidet.

Patras ist vor allem als Hafenstadt von Bedeutung. Hier legen die Fähren aus Italien an. Als größte Stadt des Peloponnes und Hauptstadt der Provinz Achaia ist Patras Sitz einer Universität und eines Erzbistums.

In Isthmia, einem Örtchen am anderen Ende des Kanals von Korinth, kann man die Schiffe, geleitet durch Lotsenboote, in die Wasserverkehrsstraße einfahren sehen.

Oben:
Die Geschichten und Legenden des Homer und des Pausanias veranlassten Heinrich Schliemann 1876 auf dem Peloponnes in der Landschaft Argolis zu graben. Er entdeckte Mykene, die Burg, die dem mykenischen Zeitalter ihren Namen gab.

Rechts:
Vor den Mauern von Mykene liegen einige Kuppelgräber, die dem Totenkult dienten. Das Grab der Klytämnestra stammt aus dem 15. Jahrhundert vor Christus.

Links:
Das berühmte Löwentor von Mykene – zwar fehlen den mächtigen Tieren die Köpfe, doch sind allein die Ausmaße der Steine beeindruckend. Das spannungsreiche Tierrelief steht auf einem über 20 Tonnen wiegenden Türsturz.

Unten:
Im Gräberrund A fand Heinrich Schliemann den Goldschatz von Mykene mit den Totenmasken, Schmuck und Brustplatten. Datiert werden die Schachtgräber in die Zeit nach 1580 vor Christus.

Links:
Die zwei Endprodukte der Frucht des Olivenbaumes: das äußerst bekömmliche Olivenöl und Essoliven, denen erst in einer Salzlauge die Bitterstoffe entzogen werden müssen.

Links Mitte:
Den Olivenbaum bekamen laut Legende die Athener von ihrer Schutzpatronin Athene geschenkt. Seinen

hohen Stellenwert in der Antike erkennt man auch daran, dass der Sieger in Olympia einen Kranz aus Ölbaumzweigen erhielt.

Links unten:
In der Einfachheit köstlich: Frische Tomaten, Schafskäse und Oliven auf einem frischen Brot.

Unten:
Nur noch selten werden Oliven mit der Hand geerntet. Man legt Netze oder Decken unter die Bäume und schlägt die Früchte mit Stöcken von den Zweigen oder streift sie mit speziellen Rechen ab.

Oben:
Die Mâni ist die mittlere der drei Halbinseln im Süden des Peloponnes. Charakteristisch für den gebirgigen Landstrich sind die Wohntürme der Dörfer, hier in Váthia. Die trutzigen Familienburgen erzählen vom Widerstand gegen Fremde wie auch von Blutfehden untereinander.

Rechts:
Zeugen die trutzigen Geschlechtertürme in Kíta von der einstigen Macht der Sippen, sieht der Alltag der Griechen heutzutage manchmal etwas ärmlich aus: Ein Einzimmerapartment mit Kochgelegenheit – direkt vor dem Bett.

Links:
Wozu braucht man Supermärkte? In Valtessiniko bekommt man alles in einem gemütlichen Laden mit persönlicher Beratung.

Unten:
Hohe graue Steintürme finden sich zuhauf auf der peloponnesischen Halbinsel Máni. Lagia liegt oberhalb der Ostküste, die weniger schroff und abweisend als die Westküste ist.

Sportler in der Antike – Amateure oder Profis?

Nicht nur die Geisteswelt der griechischen Antike, mit ihren immer noch maßgebenden Dichtern und Denkern wie Homer oder den unzähligen Philosophen von Aristoteles bis Sokrates, hat ihren Einfluss bis in die Neuzeit – etwas ganz anderes hat sich zu einem Großereignis unserer Zeit entwickelt: die Olympischen Spiele.

In dem idyllisch gelegenen kleinen Heiligtum Olympia im Nordwesten des Peloponnes versammelte sich erstmals im Jahre 776 vor Christus die Jugend der griechischen Stämme zu einem friedlichen Wettstreit. Zumindest ist dieses Jahr der ersten Olympischen Spiele der Beginn der offiziellen Zeitrechnung der Griechen, obwohl dort schon lange eine Kultstätte, zunächst für die Fruchtbarkeitsgöttin Gaia und dann für Zeus, bestand, zu dessen Ehren schon vorher sportliche Spiele stattfanden. Über den langen Zeitraum von über 1200 Jahren fand diese Veranstaltung regelmäßig alle vier Jahre statt, wobei während der Zeit der Spiele der sogenannte »Olympische Friede« herrschte. Jeder Staat musste sich, unter Androhung von Geldstrafen und dem Ausschluss von den Wettkämpfen für diesen Zeitraum, aller Kampfhandlungen enthalten.

Dabei mag es überraschen, dass bei den Ausgrabungen der deutschen Archäologen (1874 vergaben die Griechen die Lizenz zum Graben an das Deutsche Archäologische Institut) so viele Waffen gefunden wurden. Olympia lebte nämlich paradoxerweise eigentlich vom Krieg. Ein Zehntel aller Kriegsbeute in Form von Geld, Edelmetallen, Waffen und Kunstwerken mussten die Griechen an Olympia abgeben. Von diesen und anderen Spenden wurden die Spiele finanziert.

Ein anderer Mythos ist, dass die Teilnehmer allein um die Ehre und um einen Siegerkranz aus Ölbaumzweigen kämpften. Sie waren keine Amateure, sondern Berufssportler, die von ihrem Sport und ihren Siegen lebten. Es gab zwar bei den antiken Olympischen Spielen keine Geldpreise, die Athleten wurden aber von ihrer Heimat-Polis gesponsert. Ehrenämter mit finanziellen Einnahmen und Geschenke standen in Aussicht und außerdem erhöhte ein olympischer Sieg den Wert eines Sportlers ungemein, sodass er bei vielen anderen Sportveranstaltungen, bei denen es durchaus um hohe Geldpreise ging, seine finanziellen Chancen verbessern konnte.

Kämpfer ohne Hüllen

Teilnehmen an den Olympischen Spielen zu Ehren Zeus' durften in der Antike nur Griechen und zwar männlichen Geschlechts. Sportliche Wettkämpfe für Frauen als Darbietung für die Zeus-Gattin Hera gab es zwar auch, sie waren aber nicht von gleicher Bedeutung. Noch nicht einmal als Zuschauer waren Frauen zugelassen. Die Sportler kämpften immer nackt, und nachdem es einmal der Mutter eines Athleten, einer gewissen Kallipateira, gelungen war, sich in den Kleidern eines Sportlehrers einzuschleichen, mussten ab 402 vor Christus auch die Trainer nackt erscheinen. So sind die antiken Sportidole auf Vasen ohne Hüllen dargestellt, oft versehen mit drei Dingen: einem Schaber, einem Schwamm und einem Ölfläschchen. Denn bei der schweißtreibenden Betätigung sammelte sich der Staub des Stadions auf der bloßen Haut, der nach dem Wettkampf oder Training mit dem Schaber abgekratzt wurde. Anschließend wurde der Körper mit Schwamm und Öl gepflegt.

Die Architekturform des Stadions entstand aufgrund der allerersten olympischen Disziplin: des einfachen Stadionlaufs auf einer Bahn von 192,27 Metern. Diese Strecke hieß als Maß ein Stadion. Bald gab es auch einen doppelten Stadionlauf Diaulos, zu dem später der Langstreckenlauf kam. 708 vor Christus kam der Fünfkampf Penthatlon dazu, der Laufen, Springen, Ringen, Diskus- und Speerwerfen umfasste. Um 688 wurde der Faustkampf und kurze Zeit später das Wagenrennen eingeführt.

Für das Ende der so langen olympischen Epoche der Antike wird ein Name geltend gemacht: Kaiser Theodosius der Große. Aufgrund seiner Gesetzgebung, die im Jahre 393 nach Christus die christliche Religion als einzig wahre anerkannte und alles heidnische Brauchtum unter Strafe stellte, fanden in diesem Jahr die Spiele ein letztes Mal statt. Ein Erdbeben im 6. Jahrhundert sorgte dann für ein Ende der antiken Kultstätte.

Links:
Die Wiederbelebung der Olympischen Spiele fand auf Betreiben des Franzosen Baron Pierre de Coubertin statt. 1896 maßen sich die Sportler in Athen, den ersten Marathonlauf gewann – ein Grieche: Spyridon Louis.

Obwohl es schon 1612 die »Olimpick Games upon Cotswold-Hills« in Mittelengland gab, ist ein Franzose für die Wiederbelebung der Olympischen Spiele, wie wir sie heute kennen, verantwortlich: Baron Pierre de Coubertin. Die deutschen Ausgrabungen in Olympia brachten ihn auf die Idee: »Deutschland hat die Trümmer von Olympia ans Licht gebracht, warum sollte es Frankreich nicht gelingen, seinen alten Glanz wieder aufleben zu lassen?« 1896 wurde in Athen die erste olympische Fackel der Neuzeit entzündet. Im Jahre 2004 kehrte dann das olympische Feuer nach Griechenland, genauer Athen, zurück.

Oben:
Unbekleidete Ringkämpfer und bekleideter Schiedsrichter – die Disziplin des Pankration war nicht ganz ungefährlich: Fast alle »Kunst«-Griffe waren erlaubt.

Rechts oben:
Das Weitspringen gehörte zum Penthatlon (Fünfkampf). Die Sportler der Antike sprangen mit Gewichten in den Händen.

Rechts Mitte:
Nur unbekleidet durften die Sportler die Stadien der Olympischen Spiele betreten. Schutzkleidung gab es in der Antike noch nicht.

Rechts:
Ein Kampfrichter überreicht die Zeichen des Sieges: Ölbaumkranz, Palmzweige und die Wollbinde »Tainia«.

Linke Seite:
Frühling im heiligen Hain von Olympia. Die Säulen gehören zur quadratischen Palaistra, dem Trainingsgelände der Faust- und Ringkämpfer aus dem 3. Jahrhundert vor Christus. Seit 1875 haben deutsche Archäologen den heiligen Bezirk »Altis« um das Zeus- und Hera-Heiligtum freigelegt.

Das Museum von Olympia gehört mit zu den bedeutendsten in Griechenland. Neben den antiken Fundstücken, zum Beispiel den Giebelfiguren des Zeus-Tempels, geben Modelle Auskunft über das Aussehen des alten Olympia.

Die Statue des Hermes mit dem Dionysosknaben ist ein Werk des Praxiteles um 350 vor Christus. Der Götterbote bringt den Sohn des Zeus und der Semele zu den Nymphen, damit ihm die eifersüchtige Hera nichts antun kann.

Rechts:
Direkt an die Felskante ließ Andronikos II. Palaiologos im 13. Jahrhundert die Kirche Agía Sofía in der Oberstadt von Monemvasía bauen. Der malerische Ort liegt auf einem 1700 Meter langen und 300 Meter breiten Fels im Meer vor der Ostküste im Süden des Peloponnes.

Unten:
Die orthodoxen griechischen Kirchen erscheinen oft dunkel und gleichen sich in ihrer bildhaften Ausstattung, da die Darstellung der Heiligen festen Regeln folgt. Im Filosofou-Kloster in der Landschaft Arkadien ist auch der letzte Quadratzentimeter Wand ausgemalt.

Oben:
Die Platía ist der wichtigste Platz in griechischen Dörfern. Eine pittoresk-romanische Atmosphäre strahlt die Platía von Monemvasía mit ihren historischen Gebäuden aus.

Links:
Von der Oberstadt des venezianisch geprägten Monemvasía blickt man auf die am Meer gelegene Unterstadt. Von der Oberstadt sind allerdings fast nur noch die Außenmauern erhalten.

Seite 72/73:
220 Meter über dem Meer auf der venezianischen Festung Palamídi hat man einen grandiosen Blick auf die Stadt Nauplia und den Argolischen Golf. Der Sage nach wurde die Stadt von dem Poseidon-Sohn Nauplios gegründet.

Sprungsteine von Europa nach Asien – die griechischen Inseln

Wie Juwelen glitzern die Lichter am Hafen von Mykonos Chora an der Westküste der Kykladeninsel. Hier findet sich traditionelle Inselarchitektur: Weiße, kubische Häuser und weiß gefugtes Natursteinpflaster.

In den zwei Meeren, die Griechenlands Küsten umspülen, dem Ionischen Meer und dem Ägäischen Meer, liegen mehr als 1300 Inseln. Sie erst ermöglichten Kontakt und Handel mit dem asiatischen und afrikanischen Kontinent, da die frühen Seefahrer am liebsten in Sichtweite des Landes segelten, und die Inseln quasi als »Sprungsteine« benutzten. Auch heute »springt« man noch von einer Insel zur anderen, allerdings eher, um auf seiner Reise möglichst viele Inseln kennenzulernen.

Die griechischen Inseln werden in Gruppen aufgeteilt: Die Ionischen Inseln liegen westlich des Festlandes und umfassen Korfu, Itháka, Léfkas, Kefallonia und Zakynthos. In der Ägäis liegen die Sporaden östlich von Volos, die Saronischen Inseln südlich zwischen Athen und dem Peloponnes. Die Nordostägäischen Inseln befinden sich vor der nördlichen Türkeiküste. Die größte Insel der Dodekanes ist Rhodos, die Insel des Sonnengottes Helios, über deren gleichnamige Hauptstadt schon Lukian schwärmte: »Es ist aber wahrhaft Rhodos die Stadt des Helios, besitzt sie doch eine Schönheit, die dieses Gottes würdig ist.« Zu den 56 Inseln der Kykladen gehört Delos, eine der kleinsten, in der Antike aber eine der bedeutendsten Inseln, da sich hier neben Delphi und Olympia das größte antike Heiligtum befand.

Ein kleiner Kontinent für sich ist dagegen Kreta, die größte der griechischen Inseln. Zu den unvergleichlichen Zeugnissen der Geschichte kommt eine Landschaft, die niemand besser als Nikos Kazantzákis in »Alexis Sorbas« beschreibt: »Die kretische Landschaft gleicht einer guten Prosa, klar durchdacht, nüchtern, frei von Überladenheit, kräftig und verhalten. Was sie zu sagen hat, das sagt sie mit einer gewissen männlichen Strenge. Aber zwischen den herben Linien dieser kretischen Landschaft entdeckt man eine Empfindsamkeit und Zartheit, die keiner vermuten würde; in den windgeschützten Buchten duften die Zitronen- und Orangenbäume, und in der Ferne ergießt sich aus dem endlosen Meer eine grenzenlose Poesie.«

Oben:
Palaiokastritsa liegt außergewöhnlich schön an der Westküste Korfus. Korfu ist die historisch bedeutendste der Ionischen Inseln mit ausgesprochen mildem Klima. Sie liegt vor der Küste Albaniens und der griechischen Landschaft Epiros.

Rechts:
Die Altstadt von Korfu-Stadt, Kampielo, weist sowohl venezianische, französische als auch britische Einflüsse auf. Überragt wird sie von der Alten Festung, deren Mauern bereits im 6. Jahrhundert entstanden. Die Venezianer bauten die Festung aus, die meisten Bauten innerhalb der Mauern stammen aus der Zeit der englischen Herrschaft.

Seite 78/79:
Für Badeferien ist Korfu ein Paradies – der Canal D'Amour mit seinen bizarren Felsformationen und Höhlen ist einer der schönsten Plätze der Insel.

Links:
Südlich von Korfu-Stadt liegt auf einer kleinen vorgelagerten Insel eines der Wahrzeichen von Korfu: das Vlacherna-Kloster mit seiner um 1700 errichteten Kirche. Die Klosterinsel ist über einen Steg zu erreichen.

Unten:
Traumstrände gibt es im Nordwesten von Korfu. Die Bucht Agios Georgios liegt bei Afionas.

Linke Seite:
Von weißen Felsen eingerahmt wird der sogenannte »Schiffswrack-Strand« auf Zakynthos, der südlichsten der Ionischen Inseln. In den Siebzigerjahren war an dem Traumstrand ein Frachter gestrandet.

Vom Bochali-Hügel hat man die schönste Aussicht auf die gleichnamige Hauptstadt von Zakynthos, die sich in einem weiten Bogen an der Bucht im Osten der Insel ausdehnt. Die Insel ist nur 16 Kilometer vor der Westküste des Peloponnes entfernt.

1897 wurde die Blaue Grotte von Zakynthos entdeckt. Nahe dem Kap Skinari schimmern die beiden Kammern der Grotte, besonders am Morgen, in allen Blautönen.

Links:
Bunte Fischerboote im Hafen von Fiskardo. Der Ort im Norden Kefallonias ist nach dem Normannenführer Robert Guiscard benannt, der hier 1085 seinen Tod fand.

Links Mitte:
An der Ostküste Kefallonias liegt die Melissani-Höhle, deren Decke über dem Höhlensee teilweise eingestürzt ist. Vom Boot aus kann man die Farbspiele des einfallenden Tageslichtes beobachten.

Links unten:
Eingerahmt von hohen Felsen lädt der Myrtos-Strand auf Kefallonia mit kristallklarem Wasser zum Baden ein.

Unten:
Kefallonia ist die Nachbarinsel von Zakynthos. Über das Örtchen Asos an der Westküste Kefallonias hinweg schweift der Blick über das Ionische Meer.

Eine Festung der Venezianer aus dem 16. Jahrhundert wacht über Kythera, dem Hauptort der gleichnamigen Ionischen Insel, der hoch über dem Meer liegt.

Die griechischen Inseln bieten kulinarische Besonderheiten: Sikopita ist ein speziell verpackter Feigenkuchen.

Ruhe strahlt der Hauptort Kythera Chora an der Südspitze der Insel aus. An den hübschen Häusern findet man immer wieder die typischen Farben: Blau und Weiß.

Kythera, südlich des Peloponnes gelegen, ist geprägt von verkarstetem, schluchtenreichem Gebirge, das bis auf über 500 Meter ansteigt. Die Hafenstadt Kapsali liegt tief unterhalb von Kythera Chora.

Rechts:
Skiathos, eine waldreiche Insel der Nördlichen Sporaden, ist bekannt wegen seiner schönen Sandstrände. Der gleichnamige Hauptort entstand nach 1830 anstelle der antiken Stadt an der Südostküste.

Unten:
Die Häuser des Hauptortes auf der größten der Nördlichen Sporaden, Skyros, steigen zu dem Felsen hin an, von dem Theseus hinabgestürzt worden sein soll. Heute trägt er die venezianische Festung, unterhalb derer die Kirche des 962 gegründeten Klosters Agios Georgios liegt.

Oben:
Am Hafen der Inselhauptstadt Skopelos träumt diese kleine Kapelle im Abendlicht. Sie ist nur eine der etwa 120 teils byzantinischen Kirchen und Kapellen des Ortes.

Links:
Die Bronzefigur eines unbekleideten Mannes erinnert in Skyros an den englischen Dichter Rupert Chawner Brooke, der 1915 auf der Reise zu den Dardanellen hier einer Blutvergiftung erlag.

Unten:
Mytilini ist der Hauptort der drittgrößten griechischen Insel Lesbos. Er liegt an der Stelle des antiken Mytilene an der Ostküste und hat als Besonderheit zwei Häfen, zwischen welchen sich die mächtige Burg auf dem Platz der antiken Akropolis erhebt.

Rechts oben:
Sigri mit seiner genuesisch-türkischen Festung am Hafen liegt an der Westküste der Sappho-Insel Lesbos.

Rechts Mitte:
Während der große Südhafen von den Fähren angelaufen wird, ist der

Nordhafen von Mytilini fest in den Händen der kleinen Fischer, obwohl er im Altertum der bedeutendere war.

Rechts unten:
Nahe Sigri auf der Insel Lesbos findet man den versteinerten Wald. Die Baumstämme sind bis zu 11,5 Meter lang, bis zu 1,5 Meter dick und werden auf ein Alter zwischen einer und zehn Millionen Jahren geschätzt. Die Stämme sind durch einen Vulkanauswurf versteinert.

Griechische Gaumenfreuden

Der griechische Tag beginnt zunächst erst einmal karg. Kaum ein Grieche frühstückt in nordeuropäischem Sinne. Ihm genügt sein »elinikós kafés«, sein »griechischer Kaffee«, den er skéto, métrio oder glikó, pur, mittel oder süß und daneben noch stark (varis) oder leicht (elaphrós) genießt. Als Frühimbiss kommt dann höchstens noch ein Sesamkringel »kulúrja« oder ein Blätterteiggebäck »tirópittes« in Frage. Das Mittagessen spielt dann schon eine größere Rolle und die Hauptmahlzeit findet dann abends statt, sei es zu Hause oder in geselliger Runde in der Taverne.
Hier beginnt man mit verschiedensten Vorspeisen, wie gefüllten Weinblättern, Schafskäse, Oliven oder Tsatsíki, geht über zu Hauptgerichten wie Souvláki, Biftéki oder Stifádo (geschmortes Rindfleisch mit Zwiebeln und Knoblauch) und beendet das Mahl mit Obst oder süßem Blätterteiggebäck. Auch wenn die griechische Küche in ihrem Ursprung eher einfachen Charakter hat und manche ihr einen Mangel an Raffinesse und Fantasie vorwerfen, ist sie äußerst geschmackvoll und gesund. Zum einen durch das sonnenverwöhnte Gemüse und Obst, zum anderen durch eine bestimmte Zutat: Olivenöl. Fleisch oder Fisch werden darin gebraten, Gemüse in Öl und Tomatensoße gekocht, die Lukániko, eine Art griechische Krakauer, lagert in Olivenöl zur Konservierung; es verfeinert den Tsatsíki, wird über den Schafskäse und reichlich über den Salat gegeben.
Das Olivenöl ist ein Produkt des Olivenbaums, einem Geschenk der Göttin Athene an die Menschen und eine der ältesten Kulturpflanzen überhaupt. Wird aus seinen Früchten nicht das grüne Olivenöl gewonnen, werden diese in Salzwasser eingelegt, damit sie ihre Bitterstoffe verlieren. In verschieden gewürzten Laugen erhalten die Essoliven ihren unverwechselbaren Geschmack. Diese Oliven gehören untrennbar zu einer typisch griechischen Einrichtung, die man in der Ouzerí vor dem eigentlichen Abendessen in der Taverne genießt: Oúzo mesé, ein kleiner Vorspeisenteller – je nachdem mit Schafskäse, Tomaten, Oliven, Wurst, Fisch, Brot und natürlich einem Oúzo (Anisschnaps) als Aperitif, der oft mit Wasser versetzt wird und dabei eine milchige Färbung annimmt.

Ein unverwechselbarer Geschmack

»Wer den Harzwein nicht mag, weiß nicht, was Attika ist. Mögen die ersten fünfzig Liter ein bisschen fremd schmecken, wie bald gibt sich das. Wer ihn trinkt, trinkt Wein und trinkt auch das attische Land.«
Erhart Kästner spricht von Retsína, dem Wein, der den Geschmack Griechenlands auf die Zunge zaubert. Oft wird er in Tavernen als offener Wein angeboten, meist ist er weiß, manchmal auch »kokkinelli« (rosé). Der ungewöhnliche Beigeschmack rührt von dem beigegebenen Harz der Aleppokiefer her und macht den Wein gut verträglich, weil bei Retsína oft auf die Schwefelung verzichtet wird. Wenn es auch Legende ist, dass mit Retsína in den Peloponnesischen Kriegen Cholerakranke kuriert wurden, wird das Harz aber schon seit der Antike zum Verpichen der Ziegenschläuche und Weinfässer verwendet. Daneben gibt es aber genügend andere lokale Weine, vom herben Demestika bis zum süßen Dessertwein, die man als noch nicht zum Retsína Bekehrter genießen kann.
Und auch der Bierfreund muss nicht verzichten: Der Wittelsbacher Otto I., erster griechischer König, führte 1834 das »Bíra« ein, das sich großer Beliebtheit erfreut. Meist steht zusätzlich eine Karaffe kühlen Wassers beim Essen mit auf dem Tisch und häufig wird im Kafeníon zu dem – nicht nur am Morgen genossenen – Kaffee ein Glas Wasser (neró) gereicht, dessen ungewöhnliche Güte schon der Dichter Pindar um 500 vor Christus gerühmt hat: »Das beste ist das Wasser.«

Links:
Ein griechisches Nationalgetränk ist der Oúzo, ein Anisschnaps, der mit Wasser verdünnt eine milchige Färbung annimmt. Meist wird er vor dem Abendessen als Aperitif getrunken.

Ganz links:
Als Trank der Götter mag vielen der Retsína zunächst nicht vorkommen. An den eigenartig herben Geschmack des geharzten Weines muss man sich erst gewöhnen.

Oben:
Kulinarische Köstlichkeiten. Zur Hauptmahlzeit der Griechen am späten Abend wird der Tisch reichlich gedeckt und jeder kann alle Gerichte probieren.

Rechts oben:
Frisch gefangen werden die Oktopusse erst einmal auf die Leine gehängt. In der griechischen Sonne werden sie zarter.

Rechts Mitte:
Verführerische Kleinigkeiten. Auch auf dem Gebiet der Nachspeise ist die Küche Griechenlands nicht zu verachten.

Rechts:
Ein großer Vorteil der griechischen Küche sind ihre frischen, schmackhaften Produkte, die einen einfachen Salat mit Tomaten und Schafskäse zum Genuss werden lassen.

Rechts:
Der richtige Ort für die Morgenlektüre des Popen. Auch auf der ägäischen Insel Chios ist das traditionelle Kafeníon ein Ersatz für das heimische Wohnzimmer.

Unten:
Tulpen unter Olivenbäumen. Der Frühling setzt seltene Farbakzente auf der Insel Chios, die nur acht Kilometer von der Türkei entfernt ist.

Oben:
Einsamkeit bietet der Mavros-Gialos-Strand auf der Insel Chios, die auch wegen eines schrecklichen Massakers bekannt ist. 1822 übten die Türken nach einem Aufstand der Chioten schreckliche Rache: 30 000 Christen fanden den Tod oder wurden zu Sklaven. Der französische Maler Eugène Delacroix malte daraufhin das »Massaker von Chios«.

Links:
Im Süden von Chios liegen die reichen Mastix-Dörfer mit ihren grau-weißen Sgraffito-Fassaden mit geometrischen Mustern. Aus dem Harz der Mastixstaude stellt man den Likör Masticha und Konfekt her.

Links:
Im 17. Jahrhundert entstand das Stadtviertel Paléo der Stadt Karlóvassi auf Samos. Von Weitem sichtbar ist die über dem Stadtteil thronende Kirche Agía Triáda. Samos ist die grüne Insel der Ägäis, deren verschwenderische Natur von Hunderten von Quellen gespeist wird.

Unten:
Zahlreiche idyllische Buchten und Strände bietet die stark zergliederte Küste von Samos. Manche kann man nur zu Fuß oder mit dem Boot erreichen.

Links:
Eine der wichtigsten Kultstätten des Altertums: das Samische Heraion. Kopflose Marmorstatuen stehen noch oder wieder aufrecht in dem zur Zeit der Antike wichtigsten Heiligtum der Hera.

Oben:
Einen spektakulären Platz zum Fischen hat sich dieser Bewohner der Insel Samos ausgesucht.

Seite 96/97:
Der Tempel der Aphaia steht auf einer Terrasse in der Nähe des Ortes Mesagro auf Ägina, der Insel vor der Haustür Athens. Das Heiligtum aus dem 5. Jahrhundert vor Christus ist einer der Artemis nahestehenden Gottheit geweiht, die als Beschützerin der Frauen gilt.

Seite 98/99:
Die Insel Hydra gelangte zu ihrem Namen, als sie noch eine sehr wasserreiche und fruchtbare Insel war. Heutzutage ist Hydra ein beliebtes Ausflugsziel für die Athener, die die Insel durch die gute Fährverbindung schnell erreichen und hier fernab von Staub und Lärm die herrlichen Strände genießen.

Unten:
Von Falatados hat man einen schönen Blick auf Tinos-Stadt. Tinos ist die drittgrößte Kykladeninsel und vor allem als Pilgerort von Bedeutung. 1822 hatte die Nonne Pelagia eine Vision, die zur Entdeckung einer wundertätigen Marienikone führte, die heute noch verehrt wird.

Rechts oben:
Erst nach der Zerstörung der Festung Exompourgo Anfang des 18. Jahrhunderts durch die Türken entwickelte sich Tinos-Stadt von der unbedeutenden Küstensiedlung zur Inselhauptstadt.

Rechts Mitte:
Am Tag von Mariä Entschlafung, am 15. August, kommen Tausende von Gläubigen nach Tinos, um Fürbitte zu leisten oder ein Gelübde einzulösen, zum Beispiel auf Knien in die Kirche Panagia Evangelistria zu rutschen.

Rechts unten:
Die Hauptstadt Thira auf der einzigartigen Vulkaninsel Santorin ist am Kraterrand erbaut. Man erreicht den Ort über 587 Stufen vom Hafenplatz Skala aus – zu Fuß, auf Eseln oder mit der Kabinenbahn, die in den 1980er-Jahren von einem Reeder gestiftet wurde.

Linke Seite:
Variationen von Kugel, Kegel und Kubus – die Kykladenarchitektur ist unverwechselbar. Besonders das weiß leuchtende Mykonos an seiner halbmondförmigen Bucht ist Inbegriff des kykladischen Inselstädtchens.

Links:
Petros, der Pelikan, ist das Maskottchen von Mykonos. Der erste Pelikan, der diese Aufgabe erfüllte, Petros I., befindet sich ausgestopft im Volkskundemuseum im Kastro-Viertel.

Seite 104/105:
Naoussa auf der Kykladeninsel Paros ist mit seinem kleinen Hafen und den typischen Häusern und engen Gassen ein Schmuckstück der ganzen Inselgruppe. Seit eh und je ist es den Bewohnern von Naoussa gelungen, eine gewisse Ursprünglichkeit zu bewahren.

Seite 106/107:
Naxos ist die größte Insel der Kykladen. Dem gleichnamigen Hauptort ist eine kleine Halbinsel vorgelagert, überragt von dem gewaltigen Marmortor eines unvollendeten Apollo-Tempels aus dem 6. Jahrhundert vor Christus.

Theater mit Blick auf das Meer. Das Homer-Theater bei Ios-Stadt erinnert daran, dass der Dichter auf dieser gebirgigen Kykladeninsel begraben sein soll.

Oberhalb des Ortes Apollonas auf Naxos liegt ein Marmorsteinbruch mit der unvollendeten Statue eines über zehn Meter großen Kuros (unbekleideter Jüngling) aus dem 6. Jahrhundert vor Christus.

Rechte Seite:
Zahlreiche charakteristische weiße Kirchen findet man auf Naxos, der größten und landschaftlich reizvollen Kykladeninsel, hier nahe Filoti. Das die Insel von Norden nach Süden durchziehende Gebirge steigt bis auf über 1000 Meter an.

Schauplatz von Schicksalen – das antike griechische Theater

Wenn man an die Architektur des antiken Griechenlands denkt, stehen neben den alles beherrschenden Tempeln an zweiter Stelle die antiken Theater. Das Wort »theatron« heißt ursprünglich »die Gemeinschaft der Schauenden«. Diese Schauenden versammelten sich in einem Raum, der zugleich das Besondere am antiken griechischen Theaterbau ist: Er fügt sich so in die natürliche Landschaft ein, dass die Sitzstufen auf dem Gelände ruhen. Die konzentrischen Sitzstufen steigen um den Mittelpunkt eines »thymele«, eines Altars im Zentrum der Orchestra (Tanzplatz), auf. Die charakteristischen Sitzränge sind manchmal durch etwas breitere Umgänge horizontal unterbrochen und durch radiale Treppen vertikal in einzelne Abschnitte unterteilt. Die Sitzplätze für die Beamten und Würdenträger befanden sich meist am Rande der kreisrunden Orchestra, hinter der ein Bühnenhaus (skene) für die Theaterrequisiten angefügt war. Zwischen diesem und den Zuschauerreihen befanden sich die Eingänge. Auf die Idee, das Gelände als Unterlage der Sitzplätze zu nutzen, kamen die Griechen möglicherweise nach einem Vorfall im 5. Jahrhundert vor Christus, als hölzerne Tribünen bei einem Fest zu Ehren des Dionysos zusammenbrachen und viele Zuschauer den Tod fanden.
Schauplatz der Tragödien war der Altar in der Mitte der Orchestra vor einer Wand mit drei Pforten. Die Handlung spielte meist vor einem Tempel oder Königspalast, in welchen die mittlere Pforte führte. Die beiden anderen führten zu Heiligtümern oder Gefängnissen. Von links kamen Boten oder Herolde aus der Stadt auf die Bühne. Wenn sie von weiter entfernt gelegenen Orten kamen, erschienen sie von rechts. Auch ausgeklügelte mechanische Vorrichtungen gab es, um die göttliche Welt darzustellen. So schwebte ein Schauspieler auf einer Plattform über der Bühne, um einen Gott zu verkörpern, der Hilfe aus ausweglosen Situationen brachte und noch heute unter dem Namen »Deus ex machina« (Gott aus der Maschine) bekannt ist.

Bocksgesang zu Ehren des Gottes

Natürlich unterstand auch das gesamte Theaterwesen einem Gott: Dionysos, dem Gott des Rausches und wilden Feiern. Eines seiner Attribute ist der Bock, der das ungestüme Wesen und die Zeugungskraft des Gottes verkörpert. So bedeutet das griechische Wort »tragodia« eigentlich »Bocksgesang«. Am Anfang waren es Lieder und Tanz zu Ehren des Gottes, aus denen sich das Spiel entwickelte. Von einem Chor löste sich zunächst eine Solostimme, die einen Dialog ermöglichte, mit mehreren Schauspielern entwickelte sich dann eine dramatische Handlung.
Die klassische Tragödie des 5. Jahrhunderts vor Christus wird definiert als »ein in sich abgeschlossenes Stück der Heldensage, poetisch bearbeitet in erhabenem Stile für die Darstellung durch einen attischen Bürgerchor und zwei bis drei Schauspieler und bestimmt, als Teil des öffentlichen Gottesdienstes im Heiligtum des Dionysos aufgeführt zu werden«. Die Handlung führt dabei eine Wandlung vom Glück zum Unglück eines Menschen vor, wobei die Zuschauer emotional mitleiden sollen und somit die »Katharsis« (eine Art psychischen Reinigungsprozess) vollziehen. Die Schauspieler traten dabei mit Masken auf, die wahrscheinlich erstmals von Aischylos (circa 525 bis 456 vor Christus) als Theaterrequisiten verwendet wurden. Die Maske diente, neben dem praktischen Zweck, dass auch in den hintersten Sitzreihen der Gesichtsausdruck der Maske zu erkennen war, einem kultischen Zweck: Sie verwandelte den Schauspieler in ein Dionysos geweihtes Wesen. Außerdem konnte mit Hilfe mehrerer Masken ein Schauspieler verschiedene Rollen spielen. Die Masken trugen keine individuellen Züge, sondern verkörperten immer einen bestimmten Typen: So hatten edle Helden eine gerade Maskennase und schlaue Charaktere eine aufgestülpte, gebogene Nase. Form und Haarfarbe der Perücken symbolisierten ebenso bestimmte Sachverhalte: Glückliche waren blond, Leidende dunkel und verschlagene Typen rothaarig. Kurze Haare bedeuteten bei Männern Geiz, bei Frauen Trauer.
Die Masken der Komödie trugen demgegenüber Züge bestimmter Personen, da die Komödie mit Bezug auf das Menschlich-Komische ja durchaus Kritik an Einzelnen und am Zeitgeschehen übt. So brachte Aristophanes in seiner Komödie »Die Frösche« Literaturkritik an den Tragödiendichtern Aischylos und Euripides zum Ausdruck, in »Die Wolken« sogar gegen Sokrates. Erhalten geblieben sind von den 44 bekannten Komödien des Aristophanes

Links:
Zu einem Orakelheiligtum des Zeus gehört das riesige Theater in Dodona im Epiros. Mit 122 m Durchmesser und zirka 18000 Plätzen gehört das Theater aus dem 3. Jahrhundert vor Christus zu den größten in der Antike.

Oben:
Die perfekte Akustik des Theaters von Epidauros kann man noch heute bei Aufführungen überprüfen. Das Meisterwerk des Polyklet aus dem 4. Jahrhundert vor Christus gehört zum Heiligtum des Asklepios.

aber nur elf, nur sieben von 80 Tragödien des Aischylos und ebenfalls sieben von den 123 des Sophokles, sowie 18 von denen des Euripides. Von ihrer Aktualität haben die antiken Schauspiele nichts verloren, was eindrucksvolle Aufführungen an den historischen Orten, wie dem Herodes-Atticus-Theater in Athen, beweisen.

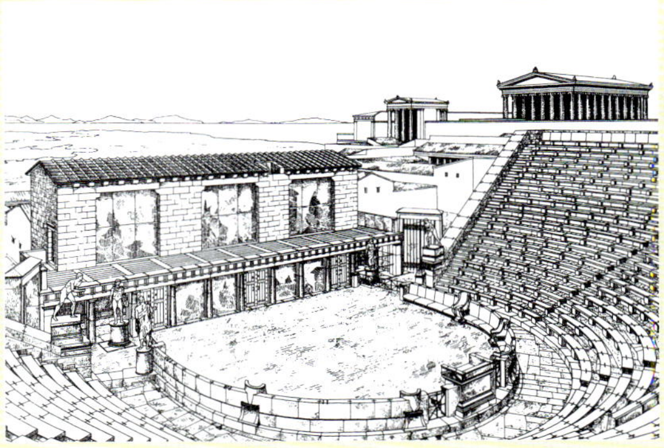

Rechts oben und Mitte:
Euripides (oben, circa 480 bis 406 vor Christus) gehört neben Aischylos (Mitte, 525 bis 456 vor Christus) und Sophokles zu den drei großen attischen Tragikern, die ihre Stücke im Dionysostheater in Athen präsentierten.

Rechts:
Die Rekonstruktion eines griechischen Theaters mit den durch Treppen unterteilten Sitzreihen, den Ehrensitzen an der Orchestra und dem Bühnenhaus.

Rechte Seite:
Einer der privilegiertesten Aussichtsplätze auf Santorin ist der im Inselnorden gelegene Ort Oia. Hier thront man über der Caldera, dem vom Meer gefüllten Kraterkessel.

Rechts:
Als Inbegriff eines Kykladenortes gilt Oia an der Nordspitze von Santorin. Die vielen blau überkuppelten Kirchen und weißen Häuser kleben spektakulär am Kraterrand.

Rechts:
Die Kreuzfahrtschiffe fahren direkt in das Innere des Vulkankraters. Santorin ist mit seinen Nebeninseln Thirasia und Aspronisi der übrig gebliebene Caldera-Rand rund um ein bis zu 400 Meter tiefes Becken. Die Inseln in der Mitte des Beckens, die Kameni-Inseln, sind die Spitzen eines neuen Vulkans.

Seite 114/115:
Einladung zur beschaulichen Ruhepause im Schatten vor einem Haus auf der Insel Kos.

Linke Seite:
Die Wappen der Großmeister sind an mehreren Stellen in den Mauern der venezianischen Burg eingelassen, die die Johanniter in der Mitte des 15. Jahrhunderts in Kos-Stadt errichteten. Kos ist die drittgrößte der Dodekanes-Inseln.

Links:
In Patmos, dem Hauptort der gleichnamigen Sporadeninsel, erinnern die kubischen, weißgekalkten Häuser eher an die Kykladen. Überragt wird der Ort mit alten Herrenhäusern von der zinnenbewehrten Klosterfestung Agios Ioannis Theologos, dem Johannes-Kloster, dessen Mauern aus dem 17. Jahrhundert stammen.

Links:
Immer noch hauptsächlich Männersache ist das stundenlange Verweilen im Kafeníon auch auf der Dodekanes-Insel Kos.

Seite 118/119:
Der Ort Lindos liegt an der Ostküste von Rhodos und ist mit seinen weißen Häusern ein beliebter Ferienort der Insel – hier der Blick auf die Lindos-Bucht und dem Fähranleger.

Oben:
Der Großmeisterpalast überragt Rhodos-Stadt und war Amts- und Wohnsitz des höchsten Ritters der Johanniter. Der ursprüngliche Palast wurde im 14. Jahrhundert errichtet, Ende des 15. Jahrhunderts nach einem Erdbeben erneuert und 1856 durch eine Explosion fast völlig zerstört. Erst 1940 wurde die Rekonstruktion fertiggestellt.

Rechts:
Beliebter Treffpunkt nicht nur des Abends ist die Platía Ippokratu in der Altstadt von Rhodos mit vielen Cafés und Tavernen.

Die Hafeneinfahrt des Mandráki-Hafens von Rhodos-Stadt wird von den Wappentieren der Insel, einem Hirsch und einer Hirschkuh, flankiert. Der Name »Mandráki« bedeutet »Schafpferch« und war schon in der Antike ein bedeutender Hafen. Die kleine Festung am Molenende, Ágios Nikólaos, wurde im 15. Jahrhundert erbaut.

Eine Wohnstraße vom Anfang des 16. Jahrhunderts ist die Ritterstraße in Rhodos-Stadt, die einst die Hauptstraße des »Collachium« genannten Viertels der Johanniter war. Die Häuser der Ordensritter sind fast alle im Stil der Spätgotik mit strengen Fassaden errichtet.

Seite 122/123:
Die Insel Symi liegt nur neun Kilometer von der türkischen Küste entfernt und lebte in der Vergangenheit vorwiegend von der Fischerei und der Schwammtaucherei. Heute spielt der Tourismus eine bedeutende Rolle und vor allem Tagesbesucher von Rhodos kommen gern in den Hauptort Symi mit seinem pittoresken Hafen.

BEACH

Rechts:
Diafani wurde als Hafen auf Karpathos, der zweitgrößten Insel des Dodekanes, erst im 18. Jahrhundert gegründet. Seit 1995 auch Fährhafen, liegt der Ort an der Ostküste im Norden der Insel.

Unten:
Auf fast jeder griechischen Insel werden außer den großen Feiertagen auch zahlreiche kleinere Kirchenfeste zu Ehren der Inselheiligen begangen – hier in Vroukounda auf Karpathos. Meist beginnen die Feierlichkeiten mit einer Messe, es gibt Prozessionen und im Anschluss wird ausgelassen gefeiert.

Oben:
Alte Windmühlen finden sich in der gebirgigen Landschaft von Karpathos. Zusammen mit ihrer Nachbarinsel Kasos bildet die Insel den Übergang zwischen Rhodos und Kreta.

Links:
Karpathos ist auch bekannt für sein Traditionsbewusstsein. Im Norden der Insel hat sich ein altertümlicher Dialekt erhalten, Frauen und Kinder tragen die aus byzantinischen Zeiten überlieferten Trachten.

Seite 126/127:
Die Hafeneinfahrt von Iraklion auf Kreta, der größten griechischen Insel, bewacht das venezianische Kastell, das 1523 bis 1540 errichtet wurde und heute »Koules« (Turm) genannt wird.

Unten:
Knossos gilt als Inbegriff der minoischen Kultur. Hier steht der größte und bedeutendste der minoischen Paläste auf Kreta. Der britische Gelehrte Sir Arthur Evans legte in den Jahren 1900 bis 1932 den Palast auf einer Grundfläche von rund 21 000 Quadratmetern frei. Heftige Kontroversen lösten die Beton-Rekonstruktionen Evans aus, die, wenngleich nicht streng wissenschaftlich, einen lebhaften Eindruck davon vermitteln, wie die Architektur der Minoer ausgesehen haben könnte. Um 1900 vor Christus beginnt die Geschichte des minoischen Knossos mit der Errichtung des »Alten Palastes« und endet 1350 vor Christus, als der »Neue Palast« nach einem zweiten großen Brand nicht wiederaufgebaut wurde.

Rechts oben:
Aufschluss über die Lebensweise und Gebräuche der Minoer geben vor allem auch die zahlreichen Fresken im Palast von Knossos.

Rechts Mitte:
Die zwischen dem 6. und 8. Jahrhundert errichtete Titus-Basilika liegt am Südende der einstigen Agora der antiken Hauptstadt Kretas: Gortyn. In dieser Kirche soll die Schädelreliquie des Heiligen Titus aufbewahrt worden sein, bevor sie von den Venezianern geraubt wurde. 1966 wurde sie zurückgegeben und ruht seitdem in der Titus-Kirche von Iraklion.

Rechts unten:
Einer Legende nach war die in 1025 Meter Höhe gelegene Dikti-Höhle der Geburtsort des Zeus. Die durch ihre Tropfsteinformationen besonders eindrucksvolle Grotte diente schon im 2. Jahrtausend vor Christus als Kultplatz.

Linke Seite:
Die berühmte Samaria-Schlucht auf Kreta führt über 18 Kilometer von dem Dorf Xyloskala, das 1227 Meter über dem Meeresspiegel liegt, zu Agia Roumeli am Libyschen Meer. Stellenweise ist die Schlucht bis zu 600 Meter tief und an den »Eisernen Toren« nur drei bis vier Meter breit.

Die Sandbucht von Matala mit der von Höhlen durchzogenen Felswand im Norden. In römischer und frühchristlicher Zeit wurden die Höhlen als Grabstätten genutzt.

Mochlos an der Nordküste im Osten Kretas ist bekannt geworden durch minoische Funde, die im Archäologischen Museum in Iraklion ausgestellt sind. Weithin sichtbar sind die weiß getünchten Kapellen in der Landschaft Kretas.

Unten:
Um den 64 Meter tiefen Süßwassersee Vulismeni, in dem schon die Göttin Athene gebadet haben soll, gruppiert sich das malerische Agios Nikolaos am herrlichen Golf von Mirabello im Osten Kretas.

Rechts:
Die byzantinische Panagia-Kera-Kirche bei Kritsa. Die dreischiffige Anlage stammt aus dem 14. Jahrhundert. Ungewöhnlich wirken die schrägen Strebemauern an den Seitenschiffen.

Links:
Die Klosterkirche von Moni Arkadi – ein Beispiel für italienisch geprägte Architektur auf Kreta. Vor allem ist Moni Arkadi aber ein Ort des griechischen Freiheitskampfes. 1866 sprengten sich mehr als 800 belagerte Kreter mit einem Pulvermagazin selbst in die Luft, bevor die Türken das Kloster stürmten.

Unten:
Chania liegt an der Nordküste im Westteil Kretas. Zentrum der im 13. Jahrhundert von Venezianern gegründeten Stadt ist der Hafen mit der charakteristischen weißen Kuppel der im Jahre 1645 erbauten Janitscharen-Moschee.

Oben:
Rethymnon, die drittgrößte Stadt Kretas, wurde sowohl von den Venezianern als auch von den Türken geprägt. In den Abendstunden kann man im venezianischen Hafen eine zauberhafte Atmosphäre genießen.

Register

Tirana
ALBANIEN
Ionisches Meer
Othoni
Korfu
Kérkira
Achilleio
Lefkimmi
Paxí
Ionische Inseln
Préveza
Lefkáda
Lefkáda
Argostoli
Kefaloniá
Zákynthos
Zákynthos

MAKEDONIEN
BULGARIEN
Schwarzes Meer
Istanbul
Marmarameer
Evros
Thrakien
Dráma
Kavala
Alexandroúpoli
Agora
Thásos
Aliki
Giannitsá
Thessaloníki
Samothraki
Chalkidiki
Kozani
Katerini
Agios Nikolaos
Athos-Klöster
Thrakisches Meer
Thermaischer Golf
Olympos 2917m
Kassandria
Athos 2033m
Agion Oros
Limnos
Livadohóri
Myrina
Poliochni
Kassándra
Sithonía
oannina
Trikala
Lárisa
Vólos
Thessalia
Nördliche Sporaden
Agios Efstrátios
TÜRKEI
Mithymna
Antissa
Mytilini
Arta
Skiathos
Alonnisos
GRIECHENLAND
Skopelos
Agiasos
Lesbos
Lamia
Agriovótano
Linariá
Ägäisches Meer
Dirfis 1743m
Limni
Skyros
Agrínio
Kymi
Psara
Mármaro
Vrontados
Chíos
Izmir
Levadhia
Messolongi
Chalkida
Theben
Euböa
Golf von Korinth
Égio
Patras
Kyllini 2376m
Kiato
Mégara
Athen
Karystos
Ándros
Andravida
Korinth
Piräus
Gávrio
Amaliada
Salamis
Sámos
Karlovássi
Sámos
Mykenai
Langadia
Égina
Ágina
Heraion
Pythagorio
rgos
Olympia
Levidi
Árgos
Kéa
Tinos
Ikaría
Kresteria
Tripoli
Náfplio
Epidaurus
Tinos
Agios Kirikos
Fourni
Megalópoli
Ermioni
Syros
Mykonos
Kythnos
Ermoupoli
Délos
Pátmos
Kyparissia
Peloponnes
Hydra
Filiatra
Kalamáta
Sparta
Spétses
Serifos
Páros
Náxos
Léros
Messini
Paros
Naxos
Kykladen
Dodekanes
Sifnos
Anti paros
Kálymnos
Kós
Pylos
Profitis Ilías 2407m
Kímolos
Amorgós
Kós
Asklepieion
Gythio
Mílos
Síkinos
Monemvasiá
Íos
Nisyros
Symi
Folégandros
Astypalea
Neapoli
Thíra
Thíra
Anáfi
Tilos
Rhódos
Santorin
Kámiros
Afándou
Chalki
Lindos
Kythira
Kythira
Rhódos
Andikythira
Kretisches Meer
Kárpathos
Kreta
Kárpathos
Kissamos
Chania
Kásos
Rethymnon
Iráklion
Agios Nikolaos
Levka Ori 2454m
Knossos
Sitia
Idhi Oros 2456m
Agia Galini
Dhikti Ori 2148m
Zákros
Moíres
Ierápetra
el - meer

In Nauplia gibt es ein Museum für ein typisches Utensil der griechischen Männer: den Komboloi. Einem Rosenkranz ähnlich hat der Komboloi aber keinerlei religiöse Bedeutung.

Impressum

Buchgestaltung
www.hoyerdesign.de

Karte
Fischer Kartografie, Aichach

Printed in Germany
Repro: Artilitho, Lavis-Trento – www.artilitho.com
Druck und Verarbeitung: Offizin Andersen Nexö, Leipzig

ISBN 978-3-8003-4047-7

Unser gesamtes Programm finden Sie unter:
www.verlagshaus.com

Bildnachweis:
Bilder von der Agentur On Location, Athen
Michaelis Ainalis: S. 94 oben, 95 links.
V. Constantineas: S. 12, 29 unten, 32 unten, 60 oben, 61 unten, 62 Mitte, 68, 69 oben.
Yorgus Depollas: S. 130.
Mark Dubin: S. 41 unten.
Loukas Hapsis: S. 5, 6/7, 32 oben, 34 unten, 35 unten, 40 unten, 41 oben, 44-49 (6 Abb.), 56, 58, 71 oben, 77 oben, 81 oben, 81 unten, 82 oben, 84 oben, 85 oben, 87 oben, 87 unten, 88, 89 oben, 89 unten, 94 unten, 95 rechts, 101 unten, 102, 104/105, 108 links unten, 116, 120/121 (4 Abb.), 124, 116/117, 128, 129 Mitte, 129 unten, 131 oben, 132/133 (5 Abb.), 136.
Pavlos Kozalides: S. 8, 52 oben, 101 Mitte.
Stelios Matsagos: S. 90 links.
Roberto Meazza: S. 69 unten, 71 unten, 82 Mitte, 82 unten, 83, 93 oben, 93 unten, 100.
Clairy Moustafellou: S. 36/37 (4 Abb.), 40 oben, 62 oben, 62 unten, 63, 72/73, 85 unten, 86 oben, 92 rechts, 90 rechts, 91 links unten, 91 rechts, 110 links oben, 129 oben, 131 unten.
Massimo Pizzocara: S. 14, 29 oben, 35 oben, 42/43 (4 Abb.), 70 oben, 76 oben, 76 unten, 77 unten, 82 unten, 91 links oben, 91 links Mitte, 108 unten, 109.
Takis Spyropoulos: S. 108 oben, 112 unten.
Alex Rodopoulos: S. 90, 96/97, 110 rechts.
Velissarios Voutsas: S. 16, 18, 24/25, 34 oben, 38/39, 50/51, 52 unten, 53, 54/55, 59 oben, 60 unten, 61 oben, 64/65 (4 Abb.), 70 unten, 74, 86 unten, 89 Mitte, 92 oben, 92 unten, 101 oben, 103, 117 oben, 117 unten, 124 unten, 125 oben, 125 unten.

Sonstige:
Titelbild, S. 113: Petros Tsonis/iStockphoto.com;
S. 10/11: Toon Possemiers/iStockphoto.com;
S. 22/23: Ricadro De Mattos/iStockphoto.com;
S. 26/27: Panagiotis Milonas/iStockphoto.com;
S. 28: Brent Wong/iStockphoto.com;
S. 30/31 gaiamoments/iStockphoto.com;
S. 33: oversnap/iStockphoto.com;
S. 78/79: vm/iStockphoto.com;
S. 98/99: Dr. Le Thang Hung/iStockphoto.com;
S. 104/105: Jaap Hart/iStockphoto.com;
S. 112 oben: Ljupco/iStockphoto.com;
S. 114/115: pidjoe/iStockphoto.com;
S. 118/119: Michael Utech/iStockphoto.com;
S. 122/123: Bill Stamatis/iStockphoto.com.